FOYERS ET COULISSES

HISTOIRE ANECDOTIQUE
DE TOUS LES THÉATRES DE PARIS

GYMNASE

AVEC PHOTOGRAPHIES

PARIS
TRESSE, ÉDITEUR
GALERIE DE CHARTRES, 10 ET 11
PALAIS-ROYAL

MDCCCLXXV
Tous droits réservés.

EN VENTE:

FIGURES D'OPÉRA-COMIQUE

Dugazon
Elleviou
Gavaudan

PAR ARTHUR POUGIN

UN VOLUME GRAND IN-18

Avec trois Portraits à l'eau-forte

Prix : 5 francs

Paris. — Imp. Richard-Berthier, 18-19, pass de l'Opéra,

FOYERS
ET
COULISSES

HISTOIRE ANECDOTIQUE DES THÉATRES DE PARIS

GYMNASE

TOME DEUXIÈME

1 franc 50

AVEC PHOTOGRAPHIES

PARIS

TRESSE, ÉDITEUR

10 ET 14, GALERIE DE CHARTRES

Palais-Royal

1875

Tous droits réservés

GYMNASE

ADMINISTRATION

MM. Montigny,   *Directeur.*
Derval,   *Régisseur général.*
Prioleau,   *Régisseur de la scène.*
Blondel,   *Deuxième Régisseur.*
Victor Chéri,   *Chef d'orchestre.*
Palianti,   *Sous-chef.*
Louvel,   *Inspecteur général.*

ADOLPHE LEMOINE-MONTIGNY

Frère de Gustave et d'Edouard Lemoine, Gustave Lemoine est auteur de la *Grâce de Dieu*, de l'*Abbaye de Castro*, du *Mauvais Œil* des *Prussiens en Lorraine*, de *Linda de Chamouny*, la *Dot de Suzette*, Mlle *de la Faille*, une *Femme qui se jette par la Fenêtre*, *l'Habit noisette*, la *Niaise de Saint-Flour*, et des nombreux albums de romances dont Mlle Loïsa Puget, devenue plus tard sa femme, avait composé la musique. L'autre frère de M. Montigny, Edouard Lemoine, mort en 1868, était un littérateur très-distingué; il avait débuté en 1832 par un vaudeville composé avec son frère Adolphe (M. Montigny), et qui était intitulé : *Norbert* ou le *Campagnard*. Edouard Lemoine se jeta ensuite dans le journalisme libéral.

Adolphe Lemoine, dit Montigny, est le doyen des directeurs des théâtres de Paris. Il dirigea d'abord la Gaîté avec M. Meyer et succéda au Gymnase à la direction Delestre-Poirson, le 18 juin 1844.

« M. Montigny, homme d'honneur et de
« loyauté (dit M. Théodore Anne), se mit
« courageusement à l'œuvre, et commença
« par radouber un navire terriblement en-
« dommagé. Ce n'était pas chose facile que
« de boucher les trous faits par la tempête,
« avant que le nouveau pilote prît le com-
« mandement ; mais les gens de cœur
« marchent et agissent d'abord, ils raison-
« nent après. M. Montigny n'avait pas compté
« sur la révolution de 1848; un autre y
« aurait péri; lui, il affronta l'orage, se
« roidit contre un malheur imprévu, et,
« sans se faire illusion sur le grave et

« mortel danger qui le menaçait, il fit tête
« à la misère du temps.

« Il avait, pour le soutenir, pour le for-
« tifier, pour l'aider avec un courage égal
« au sien, sa jeune et charmante femme,
« Rose Chéri, qui unissait aux charmes
« de l'extérieur, à la puissance d'un talent
« magique, toutes les vertus qui excitent
« la sympathie et le respect. Tandis
« que son mari redoublait d'efforts,
« elle ne résistait pas avec moins d'éner-
« gie et de cœur, elle se multipliait,
« elle était toujours sur la brèche, donnant
« l'exemple du courage. Sans ostentation,
« sans orgueil, sans faste, mue seulement
« par cette haute probité qui caractérise
« les gens d'élite, elle se dépouilla de ce
« qu'elle devait à son talent, de ce qu'elle
« avait amassé par le travail du théâtre, si
« dur et si pénible, pour faire face aux be-
« soins du moment. Elle fit plus : aban-
« donnant un instant Paris, elle fit une
« tournée en province, affectant encore
« aux engagements à satisfaire ici ce que
« les directeurs départementaux lui of-
« fraient pour venir leur rendre une pros-
« périté qui n'était pas seulement compro-
« mise dans la capitale. Tous ces efforts
« furent enfin couronnés de succès; les
« deux époux, à bout de sacrifices, mais
« toujours courageux, gagnèrent une épo-
« que plus favorable, un temps plus calme,

« et le *Fils de Famille* et *Philiberte* vin-
« rent leur apporter, après tant de fati-
« gues, le calme, le repos, la tranquillité
« et la certitude d'un avenir heureux. »

Avant d'être directeur de théâtre, M. Montigny avait aussi joué la comédie au Théâtre-Français, à l'Ambigu, à la Gaîté et aux Nouveautés.

M. Montigny, chevalier de la Légion-d'Honneur depuis 1865, est un ancien élève de l'Université de Paris.

Après avoir obtenu le prix d'honneur au grand concours, il fut nommé professeur au collége Chaptal. Directeur du Gymnase, il a fait de ce théâtre une des premières scènes littéraires de Paris (le 3e théâtre français, comme on l'appelle à juste titre). C'est là que, depuis 25 ans, on applaudit les meilleurs ouvrages de Balzac, Georges Sand, Emile Augier, A. Dumas fils, Sandeau, Théodore Barrière, Raymond Deslandes, Louis Leroy, Sardou, Gondinet, Meilhac et Halévy, etc., etc. M. Montigny a collaboré à plusieurs vaudevilles et drames, entr'autres : *le Doigt de Dieu, la Découverte du Quinquina. Un Fils*, représenté en 1839, est le seul ouvrage qu'il ait écrit sans collaborateur. —

M. Charles Monselet relève malicieusement dans l'*Evénement* un modeste souvenir du passé de M. Montigny, acteur.

Dans une tragédie d'Ancelot, *Elisabeth*

d'*Angleterre,* représentée le 4 décembre 1829, il faisait un *soldat.*

Un Soldat! La pièce ne porte pas d'autre indication.

Ce soldat ne paraît qu'une seule fois et ne prononce que quelques mots, — mais ils sont inoubliables.

Voici la scène entière :

LE SOLDAT

Milady Nottingham ?

LA DUCHESSE DE NOTTINGHAM

C'est moi que voulez-vous?

LE SOLDAT, *lui donnant un billet*

Prenez.

LA DUCHESSE

Qu'est-ce billet?

LE SOLDAT

Je ne dois pas répondre.

LA DUCHESSE

D'où venez-vous ? Parlez.

LE SOLDAT

Moi? de la tour de Londre

(Il sort).

ROSE CHÉRI

Comment faire l'histoire du Gymnase sans parler de Rose Chéri à qui ce théâtre doit tant, Rose Chéri la créatrice des chefs-d'œuvre d'Augier, Dumas et Barrière, la célèbre Rose Chéri, morte si malheureusement **en septembre 1861** en soignant un de ses enfants atteint du croup.

Lorsque j'appris la mort de Mme Rose Chéri, écrit M. Monselet dans ses *premières représentations célèbres,* je venais précisément de feuilleter un *Almanach des Spectacles* de 1828, où son nom m'était apparu dans le personnel de la troupe du théâtre de Bourges. Et je n'avais pu m'empêcher de sourire, car cette *troupe* ne se composait que de deux familles : la famille *Garcin* et la famille *Cizos.*

Je transcris ici le tableau :

MM. Garcin père, directeur et chef d'orchestre.
    Prosper Garcin, premier haute-contre emploi des *Philippe.*
    Théophile Garcin, 1res basses-tailles, emploi des *Larruette.*
    Chéri Cizos, *Martin* et jeunes 1res basses-tailles.
    Cizos père, *Larruette.*
Mmes Joséphine Garcin, fortes premières, *Dugazon.*
    Adèle Garcin, première chanteuse.
    Chéri Garcin, *Dugazon,* soubrettes, ingénuités.
    Cizos, *souffleuse.*
    Manuel Garcin, rôle d'enfant.
    Hippolyte Garcin,   id.
    Clarisse Garcin,   id.
    ROSE CHÉRI,   id.

Rose Chéri! J'étais resté rêveur devant ce nom mignard comme un conte de fées, et qui me révélait toute une enfance prédestinée. Ainsi les élevait-on dans ce temps-là les petites filles, et ainsi sans doute les élèvent encore les comédiens de province. A l'heure où les autres enfants sont profondément endormis dans leur berceau, Rose Chéri, en jupe pailletée, une couronne de fleurs au front, attendait derrière un portant le moment de son entrée en scène; elle était tour à tour le petit génie qui sort d'un bosquet, et l'enfant volée qu'un tyran de mélodrame suspend au-dessus d'un torrent. Combien de fois entre onze heures et minuit ne fallut-il pas la réveiller sur les genoux de son père ou du pompier de service !

A voir ce point de départ et à deviner les hasards de la vie dramatique, on se demande où Mme Rose Chéri avait pris cet air de distinction, de réserve, qui demeura toujours le caractère dominant de son talent. Pour n'avoir pas été bruyants, ses débuts à Paris (elle était entrée au Gymnase par la petite porte) n'en furent pas moins remarqués. Le public se laissa peu à peu gagner et charmer par cette jeune fille d'un maintien si modeste, d'une voix si sympathique, d'un regard si pur que les moindres vaudevilles en recevaient une poésie inaccoutumée. Elle ne fit pas sa place, elle la prit sans secousse, simplement comme tout ce qu'elle faisait, et il se trouva que c'était la première place, malgré tant de belles et grandes comédiennes, malgré Mme Volnys, Mlle Nathalie, Mlle Melcy.

Il me fut donné de la voir pour la première fois en 1846, dans un vaudeville intitulé : *la Belle et la Bête*, vaudeville qu'elle me fit trouver bon, et où, comme tout le monde, je subis l'influence de son jeu gracieusement honnête.

Quelque temps après, on écrivit pour elle une *Clarisse Harlowe*, et c'est de cette création que date sa grande renommée. Je crois, Dieu me pardonne! que la pièce était de Clairville qui avait pour collaborateurs Dumanoir et Guillard (l'archiviste de la Comédie-Française).

Jusqu'alors Rose Chéri n'avait pas abordé le drame. Elle s'était contentée de rôles à demi-teintes. Elle fut touchante autant qu'il est possible de l'être; son agonie du 3e acte est restée célèbre dans l'histoire du théâtre.

Peu de carrières ont été plus glorieusement remplies que la sienne. Elle a attaché son nom et son souvenir aux pièces les plus différentes de ton et d'allures ; elle a été la jeune fille, l'épouse, la mère; à mesure qu'elle avançait dans la vie, elle faisait de nouvelles conquêtes dans l'art.

Un instant seulement on put craindre qu'elle ne tombât dans la *manière* et que son talent si ferme, si vrai, si sérieux, ne s'en allât où est allé le talent de Mme Volnys. Elle devenait nerveuse, elle soulignait, elle ne souffrait personne autour d'elle; c'était le temps où M. Jouvin la définissait en ces termes : « un piano, une fleur, un cri. » La faute en était, croyons-nous, aux pièces élégiaques et sans portée qu'elle jouait alors, échos attiédis du répertoire de Scribe, et à des proverbes prétentieux où tout était sacrifié au *mot*. Cette période, heureusement, ne fut pas de longue durée; elle entrevit le péril et sa nature reprit le dessus. Sur ces entrefaites, la littérature fit invasion au Gymnase; Georges Sand l'arracha au vaudeville, Alexandre Dumas fils la sauva de Bayard.

Pour comprendre l'étonnante souplesse de son talent, il faut l'avoir vue dans le *Mariage de Victorine* et dans le *Demi-Monde*. Victorine et la baronne d'Ange sont les deux figures antipodiques par excellence : une vierge, une courtisane.

Après ces deux physionomies typiques qui semblaient tout absorber autour d'elles, je puis cependant citer encore la grande dame de *Diane de Lys*, la grisette du *Fils Naturel*, la délicieuse bourgeoise de la *Crise*. Je m'en voudrais d'oublier une de ses dernières créations, la plus douce peut-être, la plus sensée à coup sûr, cette Suzanne des *Pattes de Mouche* qui nous a mis à même d'apprécier une suprême fois son naturel exquis et sa sensibilité. De nombreux jours lui semblaient alors promis et je m'accoutumais à regarder comme certains ses progrès et ses succès dans l'avenir. Notez (ceci est à l'adresse de ceux qui suspectent toujours les enthousiasmes de la critique) que je n'ai jamais eu l'honneur d'approcher et de saluer Mme Rose Chéri.

On a paru plusieurs fois mettre en question son désintéressement artistique; on a prétendu qu'elle n'était pas assez empressée à placer les jeunes talents en lumière autour d'elle. La pauvre femme s'en est allée de ce monde en laissant, comme la plus éloquente et la plus émouvante protestation, Mlle Victoria (aujourd'hui Mme Lafontaine), son élève chérie, son enfant d'adoption, celle à qui elle s'est sentie heureuse de céder les rôles de *Cendrillon*, des *Comédiennes* et de *Piccolino*. Le bon cœur ne se justifie pas, il se prouve.

En perdant Rose Chéri, le Gymnase a perdu une des quatre ou cinq grandes comédiennes de ce siècle.

TABLEAU DE TROUPE

1875

MM.	Mmes
Derval.	Anna Chéri (Mme Lesueur.)
Lesueur.	Fromentin.
Ravel.	Pierson.
Landrol.	Tallandiera.
Pradeau.	Legault.
Blaisot.	Angelo.
Pujol.	Delia.
Francès.[1]	Prioleau.
Henri-Richard.	Marie Magnier.
Villeray.	Othon.
Andrieux.	A. Lody.
F. Achard.	Pierski.
Prioleau.	Charlotte Dupuis.
Blondel.	Persoons.
Ulric.	Helmont.
Dalbert.	Judis.
E. Plet.	Marguerite Dupuis.
Lenormand.	
Gangloff.	
Martin.	
Malard.	
Hamet.	
Amédée (doyen des figurants).	

MESDAMES

LESUEUR (ANNA CHERI)

Sœur de la grande artiste, Rose Chéri, femme de Lesueur, ce grand comédien, elle-même excellente comédienne, Mme Leseur tient maintenant au Gymnase l'emploi des duègnes.

Elle a longtemps joué aux côtés de sa sœur les rôles de soubrettes.

Ses grands succès dans ce genre sont: *Pomponne*, du *Fils Famille*, *Mme Schopp*, d'*Une femme qui se jette par la fenêtre*, *Miss Barbara Melvil*, l'anglaise excentrique de *Flaminio*, *Maritorne*, dans le *Don Quichotte* de Sardou.

Depuis quelques années, Madame Lesueur n'a plus créé que des vieilles filles.

Mlle Prunier, une des *Vieilles Filles* de M. Ch. de Courcy, la vieille tante égoïste de l'*Enquête*, cet insuccès de Cadol, *Céleste* du *Cousin Jacques* de Louis Leroy, Madame Sénéchal de *Fernande*, etc., etc.

Comme femme d'intérieur et comme mère de famille, Mme Lesueur est un exemple à donner à toutes les femmes de tous les mondes.

FROMENTIN-DAVANT

L'éducation dramatique de Madame Fromentin s'est complétée à Rouen, où, pendant quelques années, elle a été l'enfant chérie du public. C'est dans cette ville qu'elle s'est mariée avec un employé de la préfecture. Charmante femme, gracieuse et jolie, (mais un peu raide!) elle a passé par les Variétés pour arriver au Gymnase. Tout en étant une artiste consciencieuse, elle a joué quelques uns des rôles de Madame Rose Chéri, et, n'ayant pas le talent suffisant pour faire oublier celle qui l'avait précédée, elle a dû naturellement être écrasée par une comparaison sans réplique. Sa véritable place serait dans les théâtres de drame; elle y jouerait à merveille les rôles de jeunes premières dans lesquels les airs, qui sont un défaut pour les grandes coquettes du Gymnase, deviendraient une qualité.

Madame Fromentin excelle à sauver une situation difficile; sa taille svelte et sa physionomie sérieuse la prédestinent à jouer les femmes malheureuses en ménage.

BLANCHE PIERSON

Que dire de la beauté de Blanche Pierson qui n'ait été dit et redit tant de fois et de si jolie façon tant en vers qu'en prose?

Nous n'en dirons donc rien, nous ne dirions pas mieux que nos prédécesseurs.

Depuis ses débuts au Vaudeville, en 1858, jusqu'en 1870, Pierson n'avait guère été considérée que comme jolie femme; jamais on n'avait songé à lui trouver du talent; elle était si jolie; elle avait cependant créé de façon bien charmante, mais sans grand éclat, en 1858, Berthe Villiers dans les *Fausses bonnes femmes*, Christine (la jeune paysanne), du *Roman d'un jeune homme pauvre*.

En 1859, Marguerite dans les *Honnêtes Femmes*, Anna Courtin dans les *Petites mains*, Hélène de Mailly dans *la Fille de 30 ans*;

En 1860, Madame Dumesnil, dans la *Tentation*, Miss Edit Hamilton de *l'Envers d'une conspiration*, Le Lutin, dans la féerie de *Ce qui plaît aux femmes*, Gabrielle dans les *Femmes Fortes*;

En 1861, Henriette dans *Esther Ramel*, et Benjamine de *Nos Intimes*;

En 1862, Julia dans la *Comtesse Mimi*;

Gabrielle, dans les *Brebis de Panurge*;

Enfin, en 1863, Susannah O'Donnor dans *l'Homme de Rien*.

A l'exception des *Brebis de Panurge*, nous n'avons cité, dans les créations de Pierson, que les pièces en plusieurs actes, les créations assez importantes pour prouver que Pierson ne voulait pas se contenter d'être une jolie femme, qu'elle voulait devenir une comédienne. A cette époque, M. Montigny l'engagea au Gymnase, dont elle n'est pas sortie : c'est là qu'elle fit les progrès les plus sensibles, jusqu'en 1870 ; cependant, Pierson ne tint guère que l'emploi qu'elle commençait à prendre au Vaudeville, après les ingénues, les grandes coquettes.

Au Gymnase, elle créa :

En 1864, Thérèse de Millancey du *Mari qui trompe sa femme* ;

Madame de Lauwereins des *Curieuses* ;

En 1865, Clémence, des *Vieux Garçons*, elle reprit aussi, après Delaporte, Suzanne Vernier de la *Marieuse*.

En 1866, Adrienne dans le *Tourbillon*. Aurore dans les *Sabots d'Aurore*. (C'est par ce rôle que Pierson rentra au Gymnase en 1871.)

Mariotte, la paysanne très-grassouillette de *Nos bons Villageois*. A la reprise qui eut lieu dernièrement, Pierson, qui avait trop maigri, ne put reprendre ce rôle ; on le confia à Mlle Piersski qui remplissait... les conditions voulues ;

En 1867, Madame de Chazeuil dans *Albertine de Merris* ; Suzanne, de *Miss Suzanne* ;

En 1868, Dona Sylvia de Torrellas dans *Comme elles sont toutes*.

Marie de Frondeville, de *Fanny Lear*;

Marie d'Augerolles dans le *Chemin retrouvé*;

En 1869, Marthe dans le *Filleul de Pompignac*; La Baronne de Cambri, de *Froufrou*:

Elle créa aussi un grand nombre de pièces en un acte, entr'autres : *la Cravate Blanche*, les *Grandes Demoiselles*, les *Mousquetaires de Bougival*.

Pendant le siège, le Gymnase ferma; pendant la Commune, Pierson ne fit pas partie de la troupe qui joua jusqu'aux derniers jours de l'insurrection. Elle rentra quelque temps après, par une reprise des *Sabots d'Aurore*.

Quelques jours après, elle créa Diane de Reuilly dans le *Porte Cigares*, Marguerite, l'institutrice des *Reflets*. Son premier grand succès fut le rôle de Sylvanie de Terremonde de *la Princesse Georges*; elle y fut remarquable aux côtés de Desclée, cette grande artiste.

Quelques mois après, elle créait d'une façon charmante un petit rôle d'anglaise, Lady Hawkins dans *Paris Chez lui* et enfin son grand triomphe, *Mlle de Sommerive* La critique daigna enfin reconnaître le grand talent de Pierson. Depuis ce jour, ce talent s'affirma dans la *Dame aux camé-*

lias, dans Rebecca, de *la Femme de Claude*; Raymonde de Montaiglin, de *M. Alphonse*. En 1874, dans la Comtesse *de la Veuve;* sa dernière création, Mme de *Meursolles*, dans *Mlle Duparc*, fut encore pour elle l'occasion d'un nouveau triomphe.

On nous apporte une mauvaise nouvelle; Pierson quitterait le Gymnase pour le Vaudeville.

Tant pis pour M. Montigny.

TALLANDIÉRA

Et pendant quinze ans Desclée avait lutté : il lui avait fallu quinze ans pour prouver son talent ; elle était enfin arrivée à l'apogée de sa gloire. Vous rappelez-vous les enthousiasmes du public et de la presse lors de la représentation de la *Princesse Georges*? qui donc oserait jouer un pareil rôle après Desclée ? On ne prévoyait pas qu'un an à peine après la mort de la grande comédienne il se trouverait une artiste qui, n'ayant jamais joué la comédie, qui, ne sachant pas si elle était apte à jouer *Atala* des *Saltimbanques* plutôt que *Célimène*, viendrait pour ses débuts choisir *Séverine de Birac*, cette grande dame, cette princesse.

Mlle Tallandiéra eut cette audace. La presse, à notre avis, fut trop indulgente pour elle. Certes, Mlle Tallandiéra ne manque pas d'un certain talent : elle l'a prouvé dans *Mlle Duparc* et dans le *Comte Kostia*, mais au moins elle n'avait pas à lutter contre le souvenir de Desclée, et puis les rôles, au moins le comte Kostia étaient faits pour elle. Elle eut quelques éclairs dans la *Princesse Georges*; mais enfin, dans la scène capitale de la pièce, elle fut absolument insuffisante, ce n'était plus qu'une princesse de Trébizonde. Mlle Tallandiéra a des mouvements étonnants, des déhanchements surprenants, une façon de remuer les bras qui en feraient certainement une *Amaranthe* accomplie.

Le départ de Pierson va laisser à Mlle Tallandiéra tout le poids du répertoire du Gymnase. Peut-être qu'à force de jouer les Rose Chéri et les Desclée elle acquerra quelques-unes des grandes qualitésde ces deux comédiennes ; mais qu'elle ne se dissimule pas qu'elle a encore beaucoup à faire.

N.-B. — Au Gymnase, on n'appelle Mlle Tallandiéra que la *Princesse Cléo*. Le *Figaro* a publié un roman de ce titre ; nous l'avons lu, nous ne croyons pas que ce soit l'histoire de Mlle Tallandiéra. Si cela était cependant, nous pourrions nous expliquer ses mouvements excentriques : la princesse Cléo est folle,

E pazza per amor.
Folle par amour.

MARIA LEGAULT

Tous ceux qui, en 1872, ont assisté aux concours du Conservatoire se rappellent l'enthousiasme qu'excita Mlle Legault dans l'*Epreuve nouvelle*, de Marivaux.

Quelle adorable enfant (elle avait à peine quatorze ans)! quelle jeunesse! quelle beauté! Les moins enthousiastes se contentaient de trouver Mlle Legault la plus parfaite des ingénues, passées, présentes et futures.

Mars, Anaïs Aubert, Emilie Dubois avaient certainement du talent : Legault avait hérité de toutes leurs qualités ; Reichemberg et Baretta ne lui allaient point à la cheville.

Dès le jour de cette révélation, ce fut à qui engagerait la jeune étoile : l'Odéon, le Gymnase, le Vaudeville lui firent des propositions superbes ; elle eut le bon esprit de céder aux conseils qu'on lui donnait de rester encore un an de plus au Conservatoire, elle ne pouvait manquer d'avoir le premier prix qui devait lui donner droit de débuter d'emblée à la Comédie-Française.

Pour lui permettre de suivre pendant cette année les cours du Conservatoire, la Comédie-Française traita Mlle Legault comme une pensionnaire du théâtre ; pendant un an elle toucha des appointements ; on ne lui demandait que suivre assidûment les représentations, surtout celles de Delaunay et Reichemberg.

L'année s'écoula.

En 1873, Mlle Legault obtint le 1er prix avec une scène d'Agnès de l'école des femmes.

Cette année d'études lui avait beaucoup profité ; un grand changement s'était cependant opéré : la charmante ingénue de l'année précédente avait pris un grain de malice, ce n'était plus l'ingénue, la vraie ingénue, non, elle jouait Agnès avec un *brin* de coquetterie ; c'était toujours une jeune artiste de talent et de grand avenir, mais elle semblait plutôt faite pour les jeunes premières et plus tard les coquettes que pour Agnès. A ce moment, M. Montigny fit à Mlle Legault des propositions de beaucoup supérieures à celles que lui faisait la Comédie-Française. M. Perrin avait le droit de réclamer pour son théâtre Mlle Legault, il la laissa partir : selon nous il fit bien. La Comédie-Française possède Mlle Reichemberg, la plus parfaite des ingénues ; elle vient d'engager Mlle Baretta, une autre ingénue et des meilleures : elle l'a prouvé dans *Geneviève* ou la *Jalousie Paternelle* et la *Demoiselle à marier* : elle n'a donc aucun besoin de Mlle Legault.

Mlle Legault débuta donc au Gymnase. On remonta pour elle l'*Epreuve nouvelle*, qui lui avait servi de débuts en 1872. Elle joua, ensuite d'une façon vraiment charmante, Lucienne, des *Idées de Mme Aubray*; elle y fut en tout point ravissante, Personne, je crois, n'aurait mieux qu'elle joué ce rôle.

M. Montigny, cependant, ne crut pas avoir assez fait pour sa jeune pensionnaire; il voulut remonter pour elle l'*Ecole des femmes*, avec Pradeau dans Arnolphe. La tentative fut heureuse, mais la Comédie-Française et l'Odéon, ne voulant pas rester au-dessous du Gymnase, firent en même temps jouer l'*Ecole des femmes* avec Mlles Reichemberg et Baretta; A cette époque, justement, il y avait disette de nouveautés. MM. les critiques ne manquèrent pas pareille occasion de remplir leurs feuilletons, le cas était cependant embarrassant ! nouveaux Pâris, ils hésitaient à désoler deux jeunes filles en exaltant la troisième, Que dire ? Sarcey maigrissait, La Pommeraye s'arrachait les cheveux, Banville, n'ayant aucune de ces ressources, ne savait à quel saint se vouer. Enfin, on parvint à s'entendre en les trouvant toutes trois, non pas charmantes, *adorables*, mais les traîtres avaient mis un *mais*, mais Reichemberg était la seule qui personnifiait véritablement Agnès, Baretta venait après. Pour consoler Mlle Legault, M. Montigny lui fit jouer un acte de Dumas fils, le *Bijou de la Reine*, qui n'avait été joué qu'une fois, en 1851, à l'Hôtel Castellane, par Delaunay et Favart. Le succès de Mlle Legault y fut très grand.

Elle joua ensuite quelque petits rôles dans *Brûlons Voltaire*, une *Femme qui ment* et dans *Dubois d'Australie*. Ces pièces n'ajoutèrent rien à sa réputation. Quelque temps après une pièce de Plouvier, la *Dragonne*, lui fut quelque peu défavorable, on lui trouva de la sécheresse et de l'afféterie.

A notre avis, dans cette occasion, la critique fut dure pour Mlle Legault; certes elle joua moins bien ce rôle que le Bijou de la Reine, mais enfin (sans vouloir nous acharner après une pièce mort-née) il est permis d'affirmer qu'il était bien difficile à Mlle Legault de faire de ce rôle, mauvais autant qu'un mauvais rôle peut l'être, quelque chose d'intéressant.

Elle joua heureusement, quelque temps

après, la *Joie de la Maison*, puis Yvonne de *Séraphine* ; la façon dont elle interpréta ce rôle lui valut de nouveaux éloges; cela la consola de *Dubois d'Australie*. Il y a à son actif encore, miss Hélène des *Deux-Comtesses*, les *Maniaques*, et enfin il y a quelques jours, le rôle très scabreux de *Nelly* dans la *Dernière Poupée*, de Najac.

ANGELO

Pierson, Massin, Angelo, trinité adorable ! Avant la guerre, c'eut été presque un sacrilége de présenter une grande pièce sans avoir pensé à trois, comtesses, baronnes ou marquises que devaient représenter Pierson, Massin et Angelo en rivalisant de luxe dans leurs toilettes. On venait au Gymnase voir la mode de demain, qui des trois allait l'emporter, s'il y avait cinq actes, cela faisait quinze toilettes, on avait le choix.

Massin, la première, est partie... au Vaudeville.

Pierson est engagée au Vaudeville.

Angelo pouvait-elle rester, oui si M. Montigny voulait, il n'a pas voulu et Angelo est, dit-on, en pourparlers avec la direction du Vaudeville.

Dieu soit loué, il y aura donc encore de beaux jours pour les couturières, et les élégantes sauront de nouveau où aller prendre la mode, mais ce ne sera plus au Gymnase. . . . . provisoirement.

Alas, poor Montigny!

DÉLIA

(Prononcez *Marie Pommier*)

A eu la bonne fortune d'être prise en affection par son directeur à cause de sa ressemblance de visage avec Rose Chéri, dont le souvenir est resté si vivant dans l'honnête maison Montigny.

Nous souhaitons à Mlle Délia le talent de celle dont elle rappelle les traits, comme cela la ressemblance sera parfaite.

Elle a su se faire remarquer dès ses débuts dans plusieurs pièces qui ne furent pas des succès, loin de là, entr'autres les *Vieilles Filles*. Elle avait créé d'une façon charmante la jeune fille du *Cousin Jacques*; elle a repris aussi la *Cravate blanche* et le *Pauvre Jacques*, la *Fille de l'Avare*, *Michel Perrin*, avec Bouffé. Mlle Délia peut rendre de grands services à M. Montigny, qui a eu l'excellente idée de lui confier des rôles dans toutes les pièces reprises à ses matinées.

PRIOLEAU

Femme du Régisseur général du Gymnase, Mme Prioleau a beaucoup joué en province, à Bordeaux, à Alger entr'autres, sur des théâtres dont son mari était directeur.

Mme Prioleau est entrée au Gymnase en 1870, elle a fait peu de créations : les rôles de duègues peu importants lui sont presque toujours confiés. Mme Prioleau est une artiste de mérite, qui sait être comique sans jamais tomber dans la charge.

MARIE MAGNIER

Nos lecteurs pourront s'étonner de trouver ici la biographie d'une artiste qui depuis bientôt quatre ans n'appartient plus au Gymnase, mais lorsque nous fîmes paraître le volume des Variétés, Mlle Magnier était au Vaudeville, quand ce fut le tour du Vaudeville elle était au Palais-Royal, où elle ne joua rien. Son entrée au Palais-

Royal n'avait eu qu'une cause, essayer de créer un rôle, ce que le Gymnase, le Vaudeville, les Variétés lui avaient refusé. Ainsi au Gymnase, dans les six années qu'elle y a passées, Mlle Magnier ne créa guère que deux ou trois bouts de rôle : Mme Dumontet dans *Ernest*, Charlotte dans les *Grandes Demoiselles*; en revanche, elle reprit quatre ou cinq rôles de Pierson, entr'autres celui de *Comme elles sont toutes*, Mme de Brion des *Révoltées*, Anita du *Père de la Débutante*, Zanetta de l'*Homme aux 76 femmes*, Pomponne du *Fils de Famille*, etc., etc. Ces rôles ne la satisfirent point, elle alla au Vaudeville; du coup elle eut une création, et quelle création ! une poupée bien ennuyeuse, dans l'*Enlèvement*, un des fours de M. Becque, après cela les Variétés, Léontine Dauberthier dans l'*Ingénue*. Ce n'était pas avoir de chance, nous ne savons si sous ce rapport Mlle Marie Magnier est moins bien partagée que sa sœur Louise, mais au moins celle-ci tout en ne jouant que des petites, toutes petites ingénues aux Arts et à Cluny, a su prouver qu'elle avait du talent. Pour le prouver davantage, elle ne s'est pas contentée de jouer les ingénues, elle a voulu montrer au public de Cluny ce que c'est qu'un voyou, elle a joué *Benoit* dans le *Léonard* de Brisebarre de façon très-drôle; au lieu de *montreurs* de *tableaux vivants* que M. Montigny engage des artistes telles que Mlle Louise Magnier. Mais s'il ne veut pas lui briser le cœur, qu'il engage en même temps son inséparable, la charmante Cigale de *Léonard*, Mlle Sarah Rambert.

Amen !

OTHON

A joué les grands premiers rôles de drame et de comédie en province, à Marseille notamment. Mme Othon n'avait, avant son départ pour la province, fait qu'un court séjour à Paris, à l'Odéon. A son retour à Paris, elle entra au Gymnase, qu'elle quitta pour le Vaudeville, qu'elle quitta pour le Gymnase.

Mme Othon n'a pas eu occasion de faire preuve de ses réelles qualités, on ne lui a encore donné que des bouts de rôles, M. Montigny réparera cet oubli.

A. LODY

Charmante petite ingénue qui a débuté au Gymnase par le rôle incompréhensible de la petite fille de M. Alphonse. La presse s'occupa beaucoup de Mlle Lody; depuis cette époque malheureusement, elle n'a presque joué que des petits rôles dans les levers de rideau ou Honoré Pipart, le gamin des *Bons Villageois*.

Mlle Lody est, paraît-il, engagée à l'Odéon pour remplacer Mlle Baretta, qui entre à la Comédie-Française.

M. Duquesnel a, selon nous, fait une excellente acquisition.

PIERSKI

Une très jolie femme, de la bonne volonté plus que du talent; mais on ne lui en demande pas tant, on lui fera crédit comme à Mlle Pierson, dont elle a repris une création, Mariotte, l'appétissante blanchisseuse des *Bons villageois*.

CHARLOTTE DUPUIS

Tous les talents réunis. La *mère Dupuis*, comme on l'appelle maintenant, a fait longtemps les délices du Palais-Royal dans les soubrettes, qu'elle jouait avec

Ravel comme partenaire. Nous ne pouvons citer toutes ses créations ; rappelons seulement la *Sœur de Jocrisse*, la *Fille Terrible* et l'*Amant aux Bouquets*.

Mme Dupuis ne s'est pas contentée des bravos qu'elle avait recueillis comme artiste, elle est aussi auteur de plusieurs pièces en un acte et d'une comédie en trois actes, *Où l'on va*, qui fut jouée non sans succès au Vaudeville.

Vous croyez que ce sont les seuls talents de Mme Dupuis? Bien des gens seraient satisfaits ; non, elle est encore professeur de nombre de jeunes demoiselles se destinant à l'*art dramatique*.

Une seule de ses élèves, sans compter ses petites filles a récompensé ses efforts, Mlle Tallandiéra ; mais en revanche nous lui devons : Mlles Pauline Klein, Ghinassi, etc., etc.

N. B. — Si Mlle Ghinassi est entrée dans la cage des lions de Bidel, ce n'est pas Mme Dupuis qui lui a donné des leçons de domptage, elle n'y a pas encore pensé ; mais il ne faut pas désespérer, cela viendra peut-être.

PERSOONS

Lors de la publication de notre volume au Vaudeville, Mlle Persoons était pensionnaire de ce théâtre; nous renvoyons nos lecteurs à ce volume.

Au Gymnase, Mlle Persoons n'a encore eu occasion de montrer que de jolies toilettes, notamment dans la *Veuve* et dans *Gilberte*.

Pour changer un peu, on lui a fait jouer une religieuse dans *Mlle Duparc*.

HELMONT

Une jolie femme un peu voyageuse, en trois ans elle a joué un peu partout, excepté, je crois, à la Comédie-Française.

Elle a débuté à la Renaissance dans la *Femme de Feu*; elle a joué une grue dans *la Jane* et l'*Oubliée*, de Touroude; elle a créé des *Cocottes* dans presque toutes les comédies jouées à ce théâtre; figurez-vous que c'est l'*horrible* opérette qui l'a fait fuir.., aux Variétés, de là au Palais-Royal. Je crois qu'elle a joué aux Arts et au Vaudeville, je n'en suis pas bien sûr; enfin peu importe. Enfin M. Montigny, heureux probablement de voir son horreur pour l'*opérette*, l'a engagée au Gymnase, y restera-t-elle?

JUDIS

Pendant le siége, M. Gondinet, comme tout bon citoyen, était garde national; sa compagnie, comme toutes les compagnies, avait une cantinière; cette cantinière, à l'inverse de toutes les cantinières, était jolie, de plus elle était artiste dramatique. Voilà pourquoi Mlle Judis est engagée au Gymnase.

MARGUERITE DUPUIS

Petite fille et élève de Mme Charlotte Dupuis. Elle a joué sur de petites scènes, notamment au Cercle Pigalle, à la Salle des Familles et dans beaucoup de représentations à bénéfice. M^{le} Marguerite Dupuis est une charmante artiste en passe de faire son chemin, et de brillante façon, bien qu'elle soit la dernière venue au Gymnase.

MESSIEURS

DERVAL

RÉGISSEUR GÉNÉRAL.

M. Derval (d'Obigny de Ferrière) est né à Paris, en septembre 1805, d'une famille honorable qui, sans avoir un goût bien prononcé pour le théâtre, ne ressentait aucune répulsion pour l'état de comédien. Toutes les professions sont honorables lorsqu'on les exerce honorablement. — C'est un axiome qui en vaut bien un autre.

Après avoir fait d'excellentes études dans l'un des grands colléges de Paris, d'Obigny entra comme employé au Ministère de la Guerre, faisant ainsi de sa vie deux parts bien égales, il en livra la moitié à son état, l'autre à ses plaisirs, et pour lui ses plaisirs consistaient dans le théâtre, vers lequel le portait une irrésistible vocation.

Les succès de la comédie de société suffirent longtemps à son ambition. Quelques agréments physiques, une intelligence scénique véritablement rare, le faisaient rechercher dans tous les salons qui pouvaient disposer de deux paravents et d'un souffleur.

Le théâtre est un aimant auquel rien ne résiste, c'est une glu qui attache irrévocablement qui le touche, de loin ou de près, bien ou mal traité par le sort, celui qui, une fois en sa vie, une seule, a respiré cet air infect, ce parfum d'huile rance, de colle à la détrempe qui règne derrière la toile, celui-là est à tout jamais acquis au théâtre. Il a livré le bout du doigt à l'engrenage dramatique, le bras le corps, la tête, tout doit fatalement y passer.

D'Obigny n'échappa point à la loi commune ; seulement, il eut, en entrant, la précaution de laisser son nom à la porte, et ne livra à l'avidité du parterre que celui de *Derval*, nom purement de convention, qui pouvait. sans inconvénient, sombrer dans les tempêtes dramatiques.

Derval débuta au théâtre du Vaudeville, le 1er mars 1825 et le quitta le 1er avril 1826 pour entrer au théâtre des Nouveautés qu'il quitta en 1831 pour entrer au théâtre du Palais-Royal, qu'il a abandonné en 1857, pour entrer a théâtre du Gymnase.

Au Gymnase M. Derval joue peu, il est l'*alter ego* de M. Montigny. Il a joué de façon fort remarquable Duval père de la *Dame aux Camélias*. Il ne joue plus guère que l'oncle de *Une Femme qui se jette par la fenêtre,* et un des vieillards de la *Suzanne* de Meilhac.

D'Obigny de Ferrière-Derval est 1er Vice-Président du Comité de la Société des artistes dramatiques, Vice-Président de la Commission des Comptes de la Société des artistes peintres, sculpteurs, architectes, graveurs et dessinateurs, membre du Comité des inventeurs.

Par décret en date du 20 septembre 1873 rendu sur le rapport du Ministre de l'intérieur, une médaille d'or de 1re classe est accordée à M. Derval, pour ses services, comme membre des sociétés de secours mutuels, dont les bienfaits immenses, rendront, désormais, incontestables le but et l'utilité.

Bon sang ne peut mentir.

Nous apprenons que Mlle Derval, la fille de M. Derval, régisseur du Gymnase, dont plusieurs journaux annonçaient les prochains débuts à l'Opéra, se dispose à aller faire une saison à Londres, l'été prochain où elle chanterait surtout le rôle d'Ophélie.

LESUEUR

Lesueur est enfin rentré au théâtre de ses triomphes, au Gymnase qu'il n'aurait jamais dû quitter. Nous avons déjà portraicturé Lesueur dans notre volume des Variétés, nous y renvoyons nos lecteurs. Depuis sa rentrée au Gymnase, Lesueur a créé : M. de Pontvilain dans *Gilberte*, le maniaque principal dans les *Maniaques*. Le Duc Adolphe dans les *Tableaux vivants*. Il a repris son amusante création de Grinchu dans *Nos bons Villageois*.

Oui, mais, on dit qu'il va de nouveau quitter le Gymnase.

RAVEL

Si les talents ne manquent point au théâtre, l'*originalité* est, chez les comédiens, une qualité de plus en plus rare. On se forme assez facilement d'après la tradition. mais on *ose* difficilement. Ravel est une des exceptions, parmi les artistes d'aujourd'hui, qui n'empruntent rien au passé et savent se montrer *eux-mêmes*, tels qu'ils sont, avec la franchise et la rudesse de leur nature.

Pierre-Alfred Ravel est né à Bordeaux. Son âge n'est connu que de lui, mais en se reportant à ses débuts, on peut supposer que l'artiste est né de 1810 à 1812.

Son père était marchand de chevaux. Sa

première carrière fut le notariat. Toutefois, il ne resta pas longtemps clerc de notaire et vint à Paris, où il fut placé commis chez un opticien.

Le théâtre l'attira de bonne heure, et il quitta, fort jeune, le commerce pour prendre rang dans une troupe ambulante de comédiens, qui parcourait la province.

Engagé à Paris au théâtre du Vaudeville, il y débuta le 21 septembre 1837 dans le *Tourlourou*, vaudeville en cinq actes, de MM. Varin et Paul de Kock. Il joua avec une verve charmante le rôle de Fleur d'amour, personnage galant et viveur, et se posa, dès le premier soir, dans l'estime de la Presse qui reconnut son originalité, et lui prédit un avenir plein de succès.

Il jouait là, côte à côte avec Mlle Fargueil, vive, piquante et pleine d'attraits dans le rôle de Marie, et prenait rang dans une troupe qui comptait parmi ses représentants des comédiens tels que : les deux Lepeintre, Lafont, Arnal, Bardou, Fontenay, Taigny, Amant et bien d'autres.

Il fit son second début dans le rôle de Lorgnette, de *Wagons et coucous*, pièce de circonstance sur les chemins de fer, de MM. Jacques Arago, Dupeuty et Maurice-Alhoy, où des couplets comme le suivant, aujourd'hui trouvés à bon droit bien naïfs, avaient la prétention de dépeindre les progrès accomplis par la nouvelle invention :

On éternue au Vésinet,
Et l'on arrive, tant ça glisse,
Au pont du Pecq, avant qu'on ait
Le temps d'vous dir' : Dieu vous bénisse.

Il joua ensuite sur cette scène du Vaudeville : *Mal noté dans le quartier*, et *La demoiselle majeure*, puis un incendie ayant détruit la salle en juillet 1838, Ravel resta un moment sans jouer, les frères Arago, directeurs de ce théâtre, s'étant réservé le droit de conserver leur troupe, sans permettre aux acteurs de paraître sur d'autres scènes.

Le 16 janvier 1839, le Vaudeville fit sa réouverture au boulevard Bonne-Nouvelle. Ravel y parut dans un prologue ayant pour titre : *Pas de Prologue*, puis il y joua successivement :

Arthur, — Appartement à louer, — Le père Pascal, — Les Belles femmes de Paris, — Un bal d'ouvriers, — Le cabaret de Lustucru, — Denise, — La grisette et l'héritière, — La belle Bourbonnaise, — Les Intimes, — Le dompteur de bêtes féroces, — Les pages et les poissardes, — Le mari de ma fille, — L'œil de verre, — Quitte ou double, — Quatre-vingt-six moins un, — Une nuit au sérail, — Les vieilles amours, etc., etc.

Il resta à ce théâtre jusqu'en 1841. A cette époque il fut engagé au Palais-Royal, où il devait rester plus de vingt ans et personnifier, là, le comique de genre, rompant en visière avec le passé et rendant, avec son naturel et sa personnalité, les inventions des auteurs humoristiques.

Le Palais-Royal comptait en ce moment vingt artistes distingués, parmi lesquels il est permis de citer : Derval, Lemenil, Sainville, Alcide Tousez, Dormeuil, Achard, Lhéritier, Grassot et Déjazet. Au milieu de ces comédiens dont les noms sont aujourd'hui célèbres, Ravel se fit promptement une place sérieuse. L'extrême souplesse de son talent, sa verve endiablée, sa physionomie mobile, son organe net et incisif, convenaient admirablement au genre léger, alors en grand honneur sur ce charmant théâtre.

Citer les créations de Ravel au Palais-Royal, c'est faire passer sous les yeux du lecteur les plus grands succès de ce théâtre, de 1841 à 1862, jusqu'au jour où Geoffroy, Brasseur et les excellents artistes d'aujourd'hui sont venus rajeunir le répertoire.

Après *la Salle* et *Lucrèce*, Ravel créa le 23 octobre 1841, *le Caporal et la Payse*, où le rôle d'Exupère fut pour lui un triomphe, puis il joua :

GYMNASE

Le Jettatore, — Le Vicomte de Létorière, — La Tante mal gardée, — Le Mari à l'essai, — les Deux couronnes, — Une faction de nuit (monologue), — L'Omelette fantastique, — Les Ressources de Jonathas, — Le Capitaine Charlotte, — Paris, Orléans, Rouen, — La Rue de la Lune, Le Voyage entre ciel et terre, — Frère Galfatre, — La Bonbonnière, — Ravel en voyage, etc.

Le 19 octobre 1844, L'Etourneau (rôle de Félix), fut une de ces créations qui imposent un nom à la renommée. Qui n'a pas vu Ravel à la poursuite de sa lettre, s'élançant, se tordant, s'évanouissant, rire, pleurer, se démener comme un diable dans un bénitier, trépasser, revivre, parlant avec une effusion intarissable, n'a pas l'idée de ce qu'on appelle au théâtre : la verve, *vis comica*.

Viennent ensuite :

L'Habeas corpus, — La Famille de l'apothicaire, — Le Pot aux roses, — L'Inventeur de la poudre, — La Chambre a deux lits (*le 20 octobre 1846, avec Alcide Tousez*, — La Poudre coton, — Amour et Biberon, — Une Fièvre brulante *(2 mars 1847), où il fut adorable de bêtise, étincelant, pétillant d'esprit, entraînant, dans le rôle de Richard,* — L'Enfant de quelqu'un, etc....

En 1848, le Palais-Royal prit le nom de

théâtre de la Montansier. Ravel y apparut dans :

Un Jeune Homme pressé, — Le voyage sentimental, — Le Cuisinier politique, — Le Czar Cornélius, — Une Dent sous Louis XV (monologue), — Habit, veste et culotte, — La Grosse Caisse, — J'ai mangé mon ami, — Le Sous-Préfet s'amuse, — Le Sopha, — Qui se dispute s'adore, — Quand on attend sa belle, — Un Monsieur qui suit les femmes, — L'Enseignement mutuel, — Le Vol à la fleur d'orange.

Puis, le 14 août 1851, Fadinard, dans le Chapeau de paille d'Italie, le plus grand succès du Palais-Royal, l'odyssée du genre bouffe, où il est resté inimitable de franchise et de gaîté.

Citons encore :

Tambour battant. — Une Passion à la vanille, — Une Rivière dans le dos, — York, — Grassot embêté par Ravel — Edgard et sa bonne, — Le Parapluie de Damoclès, — Le Chevalier des Dames, — Un Coup de Vent, — La Chasse aux corbeaux, — L'Homme entre deux airs, — To be or not to be, — La Dame aux œillets blancs, — La marquise de Tulipano, — Deux Profonds Scélérats, — Les Bâtons dans les roues. — Manette, — Le Bourreau des cranes, — Avait pris femme, le sire de Franc-Boisy, — M. de Saint-Cadenas, — Si jamais je te pince, — Un Homme qui a vécu, — M. et Mme Rigolo, — La veuve aux Camélias, — Mesdames de Montenfriche, — Je croque ma tante, — Marcassin, — Le Clou aux maris, — L'Avare en gants jaunes, — Chez une petite dame, — Ma Nièce et mon Ours, — Une Giroflée à cinq feuilles, Le Dada de Paimbœuf, — Les Méli-Mélo de la rue Meslay, — Un gros mot, — Le Passage Radziwill, — Le Serment d'Horace, — L'Ami des femmes, — Deux Nez sur une piste, — Le Furet des salons, — Le Domestique de ma femme, etc...

Vers 1863, Geoffroy et *la Cagnotte* arrêtèrent la prépondérance de Ravel au Palais-Royal. Puis, vers 1866, survint l'opérette-bouffe qui devait suspendre pendant six ans le genre excellent qui faisait de ce théâtre le refuge de la gaîté saine et communicative.

Ravel, en présence de cette situation, fausse pour lui, quitta la scène qui lui devait de si beaux succès et se lança dans des excursions en province et à Turin, vers 1865, où il ne reçut pas l'accueil que lui méritait son talent.

Revenu en France, il fut engagé par M. Montigny et débuta au Gymnase en octobre 1868, par une reprise d'un de ses meilleurs succès : *Un Monsieur qui suit les femmes*.

Pensionnaire de ce théâtre depuis bientôt sept ans, il y a créé :

Le monde où l'on amuse, — Le Filleul de Pompignac, — Le Garçon d'honneur, — L'homme aux 76 femmes, — Frou-Frou, — Un maître en service. Le numéro 13, — Les Vieilles Filles, — Le cadeau du beau-père, — Madame est trop belle, — Le chevalier Baptiste, — La Licorne, — Gilberte, — Mademoiselle Duparc, etc., etc.

Et dans *Héloïse Paranquet*, dans *Nos Bons Villageois*, dans les *Idées de Madame Aubray*, il a remplacé Arnal sans désavantage.

Si, au Palais-Royal, Ravel fut un type de jeunesse, de verdeur, de gaîté communicative, toujours rieur, plein de verve, brûlant les planches, véritable mouvement perpétuel; — au Gymnase il se montre d'une finesse et d'une bonhommie charmantes, aussi excellent comédien que par le passé, ayant sur son public une action immédiate, instantanée, provoquant le rire par une attitude, un geste, parce qu'il est toujours l'homme de son rôle, n'oubliant jamais la situation où l'auteur l'a placé, et la dessinant avec netteté lorsqu'elle est restée indécise dans la pensée du créateur.

Cet artiste est bien un véritable *comédien*, dans le vrai sens élevé du mot, c'est-à-dire, entrant de moitié dans la conception de l'écrivain, dont il respecte la pensée mais auquel il ne prête pas un concours *passif*, préférant et sachant faire valoir l'idée de l'auteur, mettant à son service sa fine intuition et sa verve endiablée.

Son nom est un de ceux qui survivront à la génération qui l'aura applaudi, et sera longtemps, cité comme synonyme de finesse humoristique et de belle humeur.

LANDROL

Fils de Landrol, une des gloires dramatiques de Bordeaux et de ce même Gymnase. — Les débuts de Landrol fils furent plus que malheureux, nous apprend un de ses biographes. Il paraît qu'on le siffla longtemps, et que franchement il était bien mauvais à cette époque-là.

Sa persévérance, sa mémoire et son travail l'ont fait ce qu'il est aujourd'hui, le chef de file de la troupe masculine de M. Montigny. — Landrol joue les Arnal, les Bressant, les Lafontaine, les Dupuis, il joue trop même; on ne voit que lui dans tout et partout. Travailleur infatigable, il est vraiment le fils de son œuvre. Il a trouvé de véritables succès dans ses créations du répertoire moderne, dans *Séraphine, Fernande, la Femme de Claude*, etc., etc. Sa distraction de prédilection, est son établi de menuisier. Le clou, la scie, le rabot, voilà ses dieux. Landrol fait le bonheur de ses camarades quand il leur raconte en patois ses historiettes bordelaises. — Il y a deux ans, M. Landrol, à qui il avait été fait des propositions aussi belles que méritées, devait quitter le Gymnase. — C'eût été une perte irréparable pour M. Montigny, qui comprit à temps qu'un tel artiste vaut bien son pesant d'or, et voilà pourquoi Landrol est encore pour des années au Gymnase, aux appointements de 24,000 francs par an. Ce n'est pas encore trop payé.

PRADEAU

Fit longtemps les beaux jours de la province. A Toulouse, les vitres du Capitole ont éclaté plusieurs fois sous le bruit des applaudissements. — Pradeau vint à Paris, en 1855, alors qu'Offenbach inaugurait le genre bouffe sur le petit théâtre, devenu depuis le théâtre des Folies-Marigny, Pradeau fit partie des cinq ou six artistes qui formaient cette troupe créatrice du nouveau genre, si en vogue aujourd'hui; ces artistes étaient: Pradeau, Berthelier, Léonce, Désiré, Darcier, Schneider et Mlle Macé, devenue plus tard Mme Montrouge. Voilà les créateurs de l'opérette dans le spectacle d'ouverture qui se composait, il nous en souvient encore, d'une pantomime, d'un pas de danse exécuté par Mlle Mariquita (devenue plus tard l'étoile de la

Porte Saint-Martin, aujourd'hui à l'Opéra), le *Songe d'une Nuit d'Eté*, saynète qui portait le même titre que l'opéra de ce nom ; *la Nuit Blanche*, et enfin cet immense succès *les Deux Aveugles*, et dans lequel Pradeau créa d'une façon si originale le rôle de Patachon. Dès lors Pradeau était pour tous le véritable acteur bouffe. *Les Pantins de Violette*, *Trombalcazar*, *la Rose de S*^{t}*-Flour*, *Croquefer*, etc., ne firent que poser de plus en plus Pradeau dans ce genre excentrique. Le Palais-Royal s'émut de cette excentricité naissante et rêva dans Pradeau la succession de Sainville. Pradeau fut donc engagé au Palais, dans ce théâtre qui est la consécration de toutes les célébrités comiques. Pradeau y débuta malheureusement dans le *Grain de Café*, pièce que le public ne laissa pas se terminer. L'acteur subit fatalement le contre-coup de cet insuccès ; son passage au Palais-Royal fut presque inaperçu. Pradeau revient aux Bouffes ; il semble presque douter de l'avenir après ce déboire du Palais-Royal ; mais ici commence une ère nouvelle dans l'existence du sympathique comédien. Sardou porte au Gymnase son *Don Quichotte*, il faut trouver un Sancho-Pança. Le directeur et une voix inspirée lui indiquèrent Pradeau. Pradeau est donc engagé spécialement, comme dirent les affiches, pour le rôle de Sancho. — Il y eut beaucoup de succès, à côté de Lesueur qui jouait Don Quichotte. M. Montigny s'attache définitivement Pradeau, et, à partir de cette époque, nous lui voyons créer avec succès sur la scène du boulevard Bonne-Nouvelle, reprendre même des créations de Geoffroy, telles que le *Bourgeois de Paris, le Voyage de M. Perrichon* et autres pièces dans lesquelles, s'il ne fait pas oublier son illustre devancier, du moins il satisfait les plus difficiles. Il a joué de façon fort remarquable, *le Père de la Débutante* créé par Vernet et repris par Geoffroy. Enfin *Nos bons Villageois*, où il parvient à émouvoir le public, *Séraphine* (Chapelard). A partir de ce jour, le grotesque Pradeau, à la face rabelaisienne, devient un comédien de premier ordre. — En dehors du théâtre, un bon bourgeois. — Quand paraîtra ce volume, Pradeau sera devenu le pensionnaire de M. Bertrand, directeur des Variétés. Regrettera-t-il le Gymnase? « *That is the question.* »

BLAISOT

Blaisot, prix du Conservatoire, débuta à la Comédie-Française, n'eut pas la patience d'attendre les honneurs du sociétariat, un engagement très-satisfaisant l'attacha au Gymnase où il rend de très-grands services. Blaisot est un artiste modeste et consciencieux. Il a créé et repris nombre de rôles dans toutes les pièces jouées au Gymnase depuis 15 ans.

Fils du célèbre marchand d'estampes de la rue de Rivoli, âgé aujourd'hui de 83 ans, Blaisot finira aussi marchand d'estampes, car il est peintre, non sans talent, et expert en peinture.

Signe particulier qui doit réjouir la régie. Blaisot prise par jour pour 50 centimes de tabac ; il a contracté cette habitude dès son jeune âge.

ÉDOUARD PUJOL

Un enfant de la Cannebière, c'est à Marseille où il jouait les Mélingue, que M. Derval l'arracha, pour le faire entrer au Gymnase.

Encore une réputation de province, après avoir joué avec succès les héros de comédie, les premiers rôles de drame, il vint à Paris au Gymnase, où ses allures, son physique, disons plus, son talent semblent le désigner pour jouer les rôles difficiles, où il faut apporter de grandes qualités pour recueillir quelquefois peu d'applaudissements, en un mot, ce qu'on est convenu d'appeler les rôles ingrats ; grâce à sa nature sympathique, à sa conscience, à son savoir il s'est fait une spécialité au Gymnase dans ce genre dans lequel excella jadis Dupuis, que la Russie nous a enlevé depuis une dizaine d'années et que Pujol nous a rendu *Séraphine, Fernande, La Gueule du loup, La princesse Georges, La Femme de Claude, Monsieur Alphonse*, etc., etc. Que le Gymnase se garde bien de laisser partir M. Pujol, artiste excessivement consciencieux, modeste timide, trop timide même, car il n'a pas assez foi en lui, c'est le seul reproche que nous ayions à lui adresser.

FRANCÈS

« Je suis *Francès*, mon pays avant tout !»
La parole est à M. Yveling Rambaud ;
« On l'a surnommé au théâtre l'*étrange*,
« et jamais surnom ne fut plus mérité.
« Avec un accent qui sent son Cahors de
« deux cents lieues, il a joué la comédie au
« théâtre du Parc, à Bruxelles. Il y aima
« avec passion une artiste dont la mort lui
« brisa le cœur,—A la suite de ce deuil d'a-

« mour il devint bizarre.—Il ne rechercha
« plus que la société des prêtres, il avait
« une bonne qui était sœur de la bonne du
« curé des Invalides, un grand ami à lui.
« Il se fit faire des redingotes ressemblant
« à des soutanes. — A-t-il encore ce lit à
« tiroirs dans lequel il fourrait toute sa
« garde-robe?

« Aujourd'hui, c'est un bibeloteur en-
« ragé. Quand il ne répète pas, tout son
« temps se passe chez les marchands de
« bric-à-brac, qui le volent, Dieu sait
« comment! Ce n'est pas tout, après
« l'achat de chaque bibelot, il va au Louvre
« et à la Bibliothèque pour s'y livrer à
« des observations comparatives.—Il n'est
« question au Gymnase que du musée Sau-
« vageot ou du Sommerard, que Francès
« léguera, selon toute probabilité, à cette
« bonne ville de Cahors qui l'a vu naître. »

HENRI RICHARD

Dans notre précédent volume —*le Vaudeville*— nos lecteurs trouveront la petite notice que nous avons consacrée à Henri Richard. Ils pourront y voir tout le bien que nous pensons de ce jeune comédien — Nous ne voulons que féliciter ici M.

Montigny de s'être attaché de nouveau celui qui fut déjà son pensionnaire. Tous les deux ont fait preuve d'esprit en se recherchant et en se retrouvant. Le Gymnase est en effet, pour nous en ce moment, le théâtre où Henri Richard peut se faire la meilleure place. Délivré enfin, et c'était là croyons-nous un de ses grands succès, délivré de ce rôle d'*éternel gommeux*, qu'on lui a fait jouer à la *Chaussée d'Antin* il se trouvera plus à l'aise chez M. Montigny pour mettre en lumière les ressources d'un talent aussi littéraire que plein de finesse dans sa gaîté sincère et dans son originalité vraie. Enfin par son tout récent mariage devenu le gendre du grand comédien Bouffé, de celui qui fut si longtemps la gloire et l'éclat du vieux théâtre, Henri Richard en rentrant au Gymnase, se trouve aujourd'hui deux fois de la maison.

VILLERAY (DE RAYVILLE)

S'est mis au théâtre malgré tout et malgré tous. (toujours le vieux cliché), a débuté à l'Odéon, sous la direction de M. de La Rounat, et a traversé la Seine pour débuter au Gymnase! Il y joue fort bien les mauvais rôles — mieux encore que les bons. M. Villeray, a surtout le talent de composer ses têtes, et il nous l'a prouvé dans le *Beau-frère*, de M. Adolphe Belot, où il s'était fait un crâne pelé des plus réussis.

ANDRIEUX

Elève du Conservatoire, où ses camarades l'appelaient *Loulou*. — A joué à la Porte St-Martin où Mlle Augustine Brohan venait souvent l'applaudir. — Est resté longtemps à Londres, où malgré son zozotement de prononciation, il était adoré des Anglais. — Il s'est fait remarquer au Gymnase dans la *Veuve* où il a créé d'une façon très-remarquable *Un Viveur*. On nous annonce son prochain départ pour la Russie, — ce qui ne veut pas dire que nous ne le reverrons pas au Gymnase avec un talent plus mûr.

FRÉDÉRIC ACHARD

Est, paraît-il, le frère de Léon Achard, et par conséquent le fils du célèbre entre tous les célèbres Achard, l'Achard du Palais-Royal, l'Achard de nos pères ? —

au physique c'est un assez joli garçon. — M. Montigny lui a fait un très-bel engagement, ses appointements ajoutés aux rentes qu'il a déjà, constituent une fortune assez rondelette.

Frédéric Achard ne se destinait pas à la comédie, ses frères voulaient qu'il chantât à l'Opéra, mais les frères proposent et la voix dispose. M. Frédéric Achard n'eût fait qu'un baryton médiocre, tandis qu'il est devenu un jeune premier remarquable. — La meilleure création qu'il fit au Gymnase, est celle du héros de la pièce de A. Dumas fils : *Monsieur Alphonse*. — A lui revient l'honneur d'avoir prototypé à la scène, ce triste et reconnaissable personnage.

M. Frédéric Achard parle et écrit plusieurs langues et est excellent musicien.

PRIOLEAU

RÉGISSEUR DE LA SCÈNE

Ancien acteur de province, a beaucoup joué à Bordeaux et à Toulouse, avant d'entrer au Gymnase, M. Prioleau était directeur au Caire. M. Prioleau joue très-peu au Gymnase, ou quand il joue ce ne sont que des bouts de rôle, entr'autres, le *Directeur* du *Père de la débutante*, M. Moutardier de *l'Homme aux 76 Femmes*, rôle qu'il a joué au pied-levé pendant la Commune, pour remplacer Francès qui, ce soir-là, devait aussi jouer Richon du *Demi-Monde.* Ce fut Murray qui lut le rôle de Richon.

BLONDEL

DEUXIÈME RÉGISSEUR

Artiste consciencieux qai est depuis une vingtaine d'années au Gymnase ; Blondel a une spécialité, dans presque toutes les pièces du Gymnase il y a un docteur qui ne prononce guère plus de vingt cinq paroles. toujours ce docteur est réservé à Blondel, ce qu'il a dit de fois « *Je la sauverai, M. le Comte; je la sauverai !* » est incalculable.

ULRIC

Celui-là a un nom allemand ? ? ?
Comme comédien c'est une utilité très-convenable — souvent même, il est amusant. — M. Ulric est né dans la fourrure — comme talent d'agrément, il pratique la photographie (opère lui-même). L'amour du collodion n'a fait que croître et embellir depuis qu'il a épousé la fille d'un pho-

tographe. Ulric dit constamment à sa femme : *ne bougeons plus*.

DALBERT

Estimable comédien, fait de la peinture également estimable,— la vend mais ne la signe pas.

ÉMILE PLET

Une recrue du théâtre du Château-d'Eau; a jusqu'à ce jour obtenu beaucoup de succès dans des imitations d'artistes. Espérons que ce jeune comique intelligent se taillera une personnalité dans les mille sommités qu'il imite, et obtiendra un jour, à son tour, des succès qui lui permettront de se faire imiter par d'autres; à moins pourtant qu'il ne devienne un artiste inimitable, ce que nous lui souhaitons de tout cœur. Le pauvre garçon va reparaître au Gymnase après en avoir été éloigné par une terrible maladie qui l'a tenu entre la vie et la mort pendant plus de trois mois. Emile Plet est le frère de M. Théophile Plet, le jeune et sympathique fondateur du Théâtre des marionnettes, qui a succédé,

GYMNASE 151

bazar Européen, au légendaire théâtre Séraphin, distancé aujourd'hui de 100,000 coudées par le *Théâtre Miniature*.

LENORMAND

(PSEUDONYME)

Garçon de bonne famille. — Fils d'un homme de loi très-distingué, qui ne veut pas que son rejeton soit comédien (cliché 809,793). Le jeune Lenormand a donc abordé le théâtre malgré papa et maman. — Nous verrons bientôt si c'est une vocation véritable. En attendant, constatons qu'il joue avec zèle et conscience les plus mauvais petits rôles.

GANGLOFF

Est-ce un Russe ??????
Toujours est-il que nous l'avons remarqué pour sa bonne tenue et son zèle; l'administration le destinait à doubler soit Landrol, soit Pujol. Mais il vient paraît-il, d'être engagé aux Variétés.

MARTIN

Premier comique de Lyon, se résigne à

jouer au Gymnase de toutes petites utilités dans lesquelles il trouve moyen de produire de l'effet, témoin ses rôles du marin dans *M. Alphonse* et du Monsieur qui ne disait rien dans *Gilberte*.

MALARD

M. Malard n'a pas encore eu grande occasion de se produire à Paris. Il a débuté en 1873 à la Renaissance, lors de la reprise des Bibelots du Diable, par le rôle créé par Lassagne. Il y obtint un certain succès, on lui trouva surtout beaucoup de naturel. M. Malard joua ensuite dans quelques-unes des matinées de M. Ballande, il y créa une Famille en 1870-71, de M. Cournier, qui transporta sa pièce à l'Ambigue et de là à l'Athénée, ou elle ne fit pas florès. C'est après cela que M. Malard fut engagé au Gymnase. M. Montigny le destinait à remplacer Pradeau.

En effet, après le départ de celui-ci, il reprit, le *père de la débutante*. Il n'a pas fait oublier Geoffroy ni Pradeau, mais enfin il s'est tiré à son honneur de cette épreuve difficile.

Souhaitons à M. Malard quelque bonne création qui le mette en relief, car jusqu'à présent il n'a joué au Gymnase que le père de la débutante.

HAMET

Une nouvelle recrue du Gymnase. Ainsi que son nom l'indique, c'est le fils de Sophie Hamet, l'excellente comédienne, qui a créé d'une manière si réaliste la *mère Frochard* dans les *Deux Orphelines*. Le jeune Hamet veut jouer les comiques bien que ses études au Conservatoire l'aient destiné à l'emploi des jeunes premiers.

AMÉDÉE

(CHEF DES CHORISTES)

Est au Gymnase depuis plus de 40 ans. Le père Amédée a vu naître et mourir tout le monde au Gymnase, d'une mémoire prodigieuse, Il se rappelle tous les airs des pièces de Scribe. Aussi est-ce aux souvenirs de ce vieillard que Timothée Trimm a fait appel l'année dernière, quand il a fait sa conférence sur le Gymnase. C'était fête dernièrement pour le brave Amédée, il célébrait sa cinquantaine au Gymnase.

Nous donnons place ici, à titre de curiosité, à l'acte qu'en 1820 la Société des Auteurs, fondée à peine depuis quatre ans, imposait à la direction du nouveau théâtre.

Je crois que maintenant on ne donne plus autant de places, pour un acte quarante-deux places à la première. Demandez les donc aujourd'hui.

RÈGLEMENT

Entre l'Administration et MM. les Auteurs

Entre *MM. Charles Gaspard Delestre-Poirson* et *Alphonse Théodore Cerfbeer,* directeur et administrateur du Gymnase-Dramatique, demeurant à Paris, le premier rue Basse Saint-Denis, n° 28 ; et le secod, rue des Petites-Ecuries, n° 32, d'une part ;

Et. *M. Louis Prin*, l'un des deux agents-généraux des auteurs dramatiques, demeurant à Paris, rue Vivienne, n° 15, et *MM. François Louis-Marie Richomme,* et *Jules Michel,* dirigeant conjointement l'autre agence générale établie même rue Vivienne, n° 17. d'autre part ;

A été convenu ce qui suit :

MM. Delestre-Poirson et Cerfbeer voulant, autant que les charges extraordinaires d'une entreprise nouvelle le leur permettent, intéresser MM. les auteurs dramatiques au succès de leur établissement, ont consacré leurs droits et arrêté les rétributions qui seront accordées à leurs ouvrages, de la manière suivante :

Ils se sont attachés à rendre la condition des auteurs plus favorable que celle qu'ils ont à aucun des théâtres secondaires existant, et ils consentent que, par l'observation du règlement ci-après de leur part, les auteurs soient autorisés à retirer leurs ouvrages de leur théâtre.

Article Premier. — L'auteur ou les auteurs d'une comédie ou d'une pièce mêlée d'airs connus ou presque entièrement connus, percevront quatre pour cent, nets et sans nulle retenue, sur la recette du jour.

Art. II. — L'auteur ou les auteurs d'une pièce dont la musique sera entièrement ou presque entièrement nouvelle, et dont le compositeur ou les compositeurs se feront connaître à l'administration, percevront le dix-huitième de la recette brute (ou le douzième, le tiers prélevé), qui sera partagé également entre les auteurs des paroles et ceux de la musique, sauf leurs conventions particulières.

Art. III. — Toutes les fois que le spectacle sera composé de quatre pièces d'auteurs vivants, et dans ce cas seulement, les rétribubutions desdites pièces seront réduites d'un quart.

Art. IV. — L'auteur aura droit à une entrée d'un an pour un acte, de trois ans pour deux actes, de cinq ans pour trois actes, de sept ans pour quatre actes, et une entrée à vie personnelle pour cinq actes.

A l'égard des pièces composées en société, il est arrêté en principe qu'il ne pourra être reconnu que deux auteurs pour une pièce et que les pièces ainsi composées ne seront comptées, relativement aux droits d'éntrées, que pour moitié à chacun des auteurs desdites pièces. Néanmoins, lorsqu'il s'agira de compléter une entrée à vie, les tiers d'actes seront comptés.

A l'égard des pièces mêlées de musique nouvelle ou presque entièrement nouvelle, les paroles compteront pour un acte aux auteurs du poëme, et la musique pour un acte aux compositeurs, pour le calcul des entrées.

Art. V. — L'auteur qui aura gagné deux fois son entrée à vie pourra donner, à qui bon lui semblera, sa seconde entrée, et il lui suffira, pour en faire connaître et approuver la décision, de désigner à l'administration la personne à laquelle il l'aura cédée; mais, quel que soit le nombre de ses pièces, l'auteur ne pourra disposer que d'un droit d'entrée, outre le sien, et ne pourra le concéder pour moins d'une année. Les deux entrées cesseront de droit à la mort de l'auteur.

Art. VI. — Les auteurs ont le droit de signer, dans la proportion ci-après fixée, des billets d'entrée au spectacle : ces billets doivent jouir des mêmes avantages et prérogatives que les billets pris aux bureaux, et ne peuvent, en aucun cas, être assimilés aux billets de faveur d'administration. En conséquence, ils seront échangés au contrôle contre des contremarques de la place indiquée aux billets.

1° Aux trois premières représentations d'un ouvrage, l'auteur aura droit de donner sur sa signature, quarante-deux places, savoir : trente de parterre, six de loges de la galerie, de première galerie, orchestre ou baignoires, six de secondes loges, de deuxième galerie ou de troisièmes.

2° Après les trois premières représentations, l'auteur ne pourra donner que *douze* places, dont quatre de parterre et huit autres places de la salle, désignées ci-dessus. Lorsque la pièce sera de deux auteurs, ils se concerteront pour qu'il n'y ait jamais plus de billets donnés par eux que le nombre ci-dessus fixé.

Quand une pièce aura été affichée, les billets donnés par l'auteur seront reçus, lors même que le spectacle aurait été changé, et que sa pièce ne serait point jouée.

Art. VII. — Par égard pour la signature des auteurs, les billets excédant le nombre prescrit seront reçus, mais les auteurs seront tenus d'en rembourser la valeur au prix du bureau, bien entendu que le prix de ces billets fera partie de la recette du jour.

Aucun billet surchargé ou dénaturé ne sera reçu en compte par MM. les agents des auteurs. L'Administration est autorisée à refuser ces billets.

Art. VIII. — Sur la demande de MM. les auteurs, l'Administration du Gymnase Dramatique accorde deux entrées personnelles aux deux agents chargés de leurs intérêts.

Art. IX. — Les auteurs fourniront, dans la huitaine du jour qui suivra la réception de leurs ouvrages, deux copies manuscrites desdits ouvrages reçus : ils joindront à ces copies l'indication des airs qui doivent y être chantés.

L'Administration sera seule tenue, pour les pièces dont la musique sera nouvelle ou presque entièrement nouvelle, de faire faire à ses frais les copies de rôles de musique, les copies des parties d'orchestre, et, en général, tout ce qui tient à la copie de musique. Le compositeur sera tenu de fournir sa partition quinze jours avant la mise à l'étude de sa pièce.

L'Administration sera également tenue, pour les ouvrages qui donneront droit à quatre pour cent, de faire faire à ses frais les ouvertures, copies de rôles de musique, copies de parties d'orchestre, etc., etc. Seulement, si, par suite de l'intention exprimée par l'auteur ou les auteurs, il fallait faire de nouveaux airs ou même des accompagnements à des airs inconnus, l'auteur ou les auteurs les feront ou les feron; faire par qui bon leur semblera, à leurs frais t mais l'Administration sera toujours tenue, pour ces nouveaux airs, anx frais de copies de rôles et des parties d'orchestre.

Art. X. — Les auteurs dont les ouvrages seront imprimés remettront à la Bibliothèque du Gymnase trois exemplaires desdits ouvrages. Les compositeurs, dont les partitions seront gravées, en remettront un exemplaire.

Art. XI. — A compter du premier mai prochain, tout auteur qui aura présenté une pièce au Comité de Lecture du Gymnase prendra, si cette pièce est reçue, un numéro d'ordre d'après lequel, sauf le tour de faveur qui appartient à l'Administration pour une pièce sur deux, son ouvrage devra être joué. Dans le cas contraire, l'auteur rentrera dans la propriété de son ouvrage et recevra de l'Administration une indemnité de douze cents francs comptant, à moins de conventions particulières. Il est bien entendu que cette dernière disposition ne recevra d'application qu'en faveur des auteurs présents à Paris et qui pourront suivre leurs répétitions par eux-mêmes ou, en cas d'absence, par un fondé de pouvoir ou par un ami qui se présenterait pour eux, l'Administration ne pouvant être soumise à l'obligation de jouer d'office des pièces pour les répétitions desquelles personne ne se présenterait.

De même, si un auteur qui a un numéro d'ordre retirait son ouvrage du Gymnase, avant la représentation, il paierait à l'Administration la même indemnité de douze cents francs comptant.

Les ouvrages reçus à correction doivent être présentés à une seconde lecture dans les quinze jours qui suivront la première, sous peine de perdre leur numéro d'ordre.

Art. XII. — Les pièces de circonstance n'ont aucun tour et peuvent être mises en répétition le lendemain de la réception.

Art. XIII. — Les auteurs auront la faculté de retirer leurs ouvrages déjà représentés au Gymnase, quand l'Administration aura laissé écouler trois cent soixante-sept jours sans les représenter.

Art. XIV. — Si le présent règlement pouvait devenir susceptible de quelques changements, ces changements n'auraient pas lieu sans que les auteurs ayant donné des ouvrages au théâtre en aient été prévenus ; et si les nouveaux changements ne leur convenaient pas, ils pourraient les refuser, et le présent règlement servirait. à leur égard, de base pour tous les ouvrages qui auraient déjà été représentés.

Art. XV. — Prenant en considération les plaintes manifestées par quelques auteurs, sur la trop grande place qu'occupent d'ordinaire, dans le répertoire journalier, les pièces des Administrateurs des divers théâtres de la capitale ; désirant assurer, par toutes les mesures possibles, le succès de leur entreprise, et n'ayant d'ailleurs point l'intention de composer des ouvrages pour leur théâtre, les directeurs du Gymnase-Dramatique ont résolu d'adopter un terme moyen qui conciliât leur dignité d'hommes de lettres et les intérêts des divers auteurs : ils s'engagent, en conséquence, à ne percevoir aucuns droits d'auteur pour les pièces qu'ils pourraient donner sur leur théâtre, pendant les cinq premières années de son exploitation, et s'obligent à joindre à la recette du jour et à faire figurer sur les registres de l'Administration la part qui résulte de ces droits, de manière à ce qu'elle profite dans les proportions déterminées aux auteurs joués dans la représentation, et à la Société du Gymnase-Dramatique.

Art. XVI. — En cas de contravention de la part des directeurs à l'article précédent, MM. Prin, Richomme et Jules Michel pourront, à la requête d'un seul des auteurs dont ils ont la procuration, faire retirer du répertoire du Gymnase toutes les pièces qui, jusque-là, auraient été jouées, et même celles qui seraient reçues, si mieux n'aiment les directeurs payer à MM. Prin, Richomme et Jules Michel une indemnité de trois mille francs, dont ceux-ci tiendront compte à MM. les auteurs.

Fait triple entre les parties soussignées, en

présence de MM. Melesville, de Rougemont et Moreau, commissaires nommés par l'Assemblée générale des auteurs, du vingt-six septembre dernier, et délégués pour la discussion et la rédaction du présent traité, dont un exemplaire sera remis à l'Administration, le second à M. Prin, et le troisième à MM. Richomme et Jules Michel.

A Paris, le vingt-six novembre mil huit cent vingt.

Signé : Delestre-Poirson, A.-T. Cerfbeer, De Rougemont, Moreau, Melesville, Richomme, Jules Michel et Prin.

LE FOYER DU GYMNASE

Il y a 25 ans le Gymnase était le théâtre à la mode, son foyer était plus fréquenté que celui de la Comédie-Française, toutes les célébrités de l'époque s'y donnaient rendez-vous.

Voyez avec quel enthousiasme et quel lyrisme un journaliste de cette époque célébrait le Foyer du Gymnase.

« Holà ! petit garçon, voiturez-nous les commodités de la conversation, car nous allons discourir de toutes sortes de mignardises, et savourer le fin et le superfin des choses. »

Ainsi s'exprime à peu près la Madelon des *Précieuses*, au moment de s'embarquer sur le fleuve du Tendre, et de mettre la chronique du jour en madrigaux. Toutes ces gentillesses de l'esprit que rêvent les Madelons et les Cathos de tous les temps, où les retrouverons-nous aujourd'hui, sinon au Gymnase ? Que voilà bien, si nous ne nous trompons, l'histoire amoureuse parfilée, et la comédie qui s'enferme dans un bouquet. C'est bien encore le vaudeville créé par le Français né malin, mais sur cette scène mignonne, nos aînés n'auraient-ils pas quelque peine à reconnaître l'enfant gaillard et aventureux, hôte de la Courtille ou transfuge des Porcherons? Il ne s'agit plus d'évoquer Vadé, Collé, ni Legrand, ni Panard, Aude ou Dorvigny encore moins, ni même le bon Désaugiers, leur héritier et successeur le plus direct. Que ferions-nous ici de cette joie bruyante et de ces éclats bachiques ? Ne voyez-vous pas que notre vaudeville s'est couronné de myrthe et de roses? Il est coquet comme un abbé de la régence ; ses représentations ont un arrière-goût des petits soupers d'autrefois, de ceux qu'avouaient les honnêtes gens et où l'on n'avait fait qu'ébaucher les petits bonheurs, qui sont les plus grands bonheurs de l'amour; regards qui se croisent, molles langueurs, les soupirs qu'on déguise, les demi-confidences, et tout au plus, au jour des grandes licences, deux mains qui se rencontrent et se pressent furtivement. Pour ce roman du bonheur, il y avait un monde fait exprès, de même que pour les ébats de ce monde si délicat et si sensible, il y avait un séjour réservé : le boudoir; on y marchait à son but par toutes sortes de jolis petits sentiers détournés, on y riait du bout des lèvres, on y pleurait d'un œil seulement, l'autre ne quittant pas le miroir; et que de gazouillements dans la volière ! avec quelle grâce et quelle gentillesse ces beaux oiseaux roucoulaient tous les petits airs notés qu'ils avaient appris dans les grandes partitions amoureuses de leur temps, depuis *la Marianne* de Marivaux jusqu'à *l'Art d'aimer* de Gentil-Bernard.

Notre Gymnase n'est pas précisément ce temple des grâces aristocratiques; il ne s'est pas toujours parqué dans les domaines de la passion raffinée et de l'amour en talons rouges; d'ailleurs, n'a-t-il pas dû transformer prodigieusement ce monde-là pour rester fidèle à la comédie ? On a beaucoup reproché à M. Scribe d'avoir imaginé les portraits qu'il met en scène, et inventé les salons qu'il a peints. Il nous semble précisément que ce manque d'exactitude et de fidélité qu'offre le tableau est la cause principale du succès du peintre. On conviendra que M. Scribe a prodigieusement embelli son modèle, il l'a flatté selon son goût en lui prêtant toutes sortes d'élégants défauts et de ridicules de bon ton; il a fait un peu comme Boucher et Lancret, qui déguisaient la Duthé et la Camargo en bergères, il a déguisé notre bourgeoisie en grande dame. N'admirez-vous pas à quel point il a su assortir son théâtre aux exigences de notre vanité ? tous ses personnages sentent leur *Œil-de-Bœuf*, ses colonels, ses diplomates et jusqu'à ses agents de change ont un vernis de gentilhomme, et, en revanche, quand il est arrivé à M. Scribe de vouloir nous montrer un gentilhomme d'autrefois, il lui a donné tout l'esprit d'un agent de change. C'est que tout en s'accommodant à son temps, l'ingénieux écrivain n'entend pas lui sacrifier son droit suprême d'auteur comique, le droit de raillerie. Il rit de ses contemporains, et les fait rire d'eux-mêmes, tout en ayant l'air de leur dire : Gardez-moi le secret.

Nous devisons de M. Scribe, mais n'allez pas croire que nous perdions de vue notre véritable sujet, le foyer du Gymnase. Dans l'histoire des empires, la première page n'est-elle pas consacrée à leur fondateur? Le Gymnase est une idée de

M. Delestre-Poirson, réalisée par M. Scribe. Ce nom de *Gymnase-Dramatique* traduisait une des clauses qui lui furent imposées par son privilège, l'obligation d'ouvrir sa salle aux jeunes gens du Conservatoire pour s'y exercer dans les pièces du répertoire de la Comédie-Française et de l'Opéra-Comique. Inauguré en décembre 1820, par *l'Amour médecin* de Molière, et *la Fée Urgèle*, vieux canevas lyrique rajusté pour la circonstance, le Gymnase préluda bientôt à ses brillantes destinées par la représentation de *le Secrétaire et le Cuisinier.*

> Plus d'un grand talent qu'on révère,
> A dû son esprit tout entier
> Le matin à son secrétaire
> Et le soir à son cuisinier.

Voilà ou en était alors le vaudeville et couplet du jour, véritable jeu d'escarpolette dressé sur la pointe de deux antithèses. *Le Gastronome sans argent, le Parrain, le Comédien d'Etampes*, telles furent les premières victoires de la jeune troupe sous les auspices de M. Scribe. Puis à Perlet, succéda Léontine Fay, c'est-à dire *le Mariage enfantin, la Petite Sœur, la petite Lampe merveilleuse*, etc. Dans cette première phase de son existence, le Gymnase courait toutes les fortunes du vaudeville, il essayait et mêlait tous les masques; grâce à l'heureuse abondance de son principal auteur, chaque genre devenait une source de succès productifs. La caricature avec Perlet; la comédie mignarde et enfantine sous les traits de Léontine Fay, et avec Bernard-Léon le vaudeville pur-sang, orné de tous ses refrains et de son rire épanoui. Cependant la veine durable et permanente n'était pas encore trouvée; cette comédie élégante, satire ingénieuse ou piquant tableau de mœurs, ce *genre* qui a imprimé au Gymnase son cachet, et qui lui donne une valeur distincte, c'est avec Gontier qu'il est né. Grand fut le succès de cette comédie que M. Scribe et Gontier improvisèrent chaque soir, aussi longtemps que dura la Restauration, comédie à quatre ou cinq personnages, de toute éternité accomplie dans le même salon vert, où la société la mieux posée de l'époque venait se mirer, où chacun souriait et s'attendrissait à la fois, au spectacle de toutes ces petites joies qu'on lui exagérait, de toutes ces petites émotions, le cortége de l'amour heureux et de ces petits travers dont le peintre faisait presque des grâces pour mieux plaire à son auditoire. Il ne fallut rien moins que le canon de juillet pour arracher le Gymnase à cette vie de ruelle et de boudoir, car la plume de son improvisateur dut s'arrêter et fit forcément pénitence, et c'est alors que M. Scribe sembla dédier pour tout de bon et définitivement son théâtre à ses collaborateurs ; mais dans ce court intervalle, quelle vaste carrière ils avaient fournie l'un et l'autre ! Les pièces de M. Scribe resteront comme les médaillons de notre temps, avec une une épigramme pour légende. Quel charmant et capricieux babil, que de joyeuses médisances! ailleurs l'amour s'attristait, la passion se faisait rébarbative et féroce, ailleurs encore la chanson tournait à la complainte, ou bien le rire tombait dans le cynisme du coin de rue; grâce au Gymnase et à M. Scribe, la comédie de bonne maison, la plaisanterie de bon aloi et le rire décent ont été sauvés. C'est le triomphe du petit art, disent les difficiles, comme si à défaut de la monnaie de Molière, il ne fallait pas se contenter de celle de Marivaux et de Beaumarchais.

Cependant nous n'oublions pas plus longtemps que le Gymnase est notre contemporain, d'autant mieux que nous ne sommes pas tenus de vous raconter son histoire, mais seulement de vous introduire dans son foyer. Le foyer du Gymnase est hanté, comme autrefois, par une *compagnie* élégante et distinguée. C'est toujours ce même beau monde de colonels, de diplomates, d'oncles millionnaires, de veuves langoureuses et de demoiselles à marier; seulement, au lieu des clercs d'avoués, des quarts d'agents de change et des substituts niais qui servaient d'ombres et faisaient contraste à ces brillants pastels, voici des gentilshommes d'opéra, des sportmen à pied et des poëtes incompris; autres temps, autres ridicules. Du reste, nos comédiens d'aujourd'hui sont dignes de leurs aînés, et, à leur tour, Lucinde, Hélène, Clarisse, Mathilde, Henriette, Cécile ou Malvina, n'ont pas dégénéré; il est visible qu'elles ont, comme leurs devancières, dans l'âme et dans les yeux, six livres écrits sur l'art d'aimer. Aussi n'avons-nous célébré le passé du Gymnase qu'en considération de son état florissant et de l'éclat qu'il jette présentement. Heureux théâtre que la vogue n'a jamais abandonné, paradis de la passion où la passion s'éternise, où après vingt-cinq ans les mêmes comiques semblent toujours assez comiques pour égayer leur monde, où les visages ont changé, mais où le talent est resté immuable et à demeure fixe, si bien qu'on dirait que la troupe actuelle n'est que l'ancienne singulièrement rajeunie. Mademoiselle Rose Chéri n'est-elle pas une Volnys de vingt ans, et mademoiselle Désirée ne vous représente-t-elle pas Jenny Vertpré antidatée? Assurément madame Théodore n'avait pas meilleure tenue et plus de distinction que mademoiselle Eugénie Sauvage. Qui pourrait regretter Paul à l'aspect de Bressant? Les rôles de Gontier ne sont-ils pas à la taille de Tisserant, ainsi que ses habits? Et à côté de tous ces talents incontestés combien de charmantes ingénues et combien de jeunes lieutenants qui seront bientôt de brillants colonels ! Est-il possible d'imaginer une troupe plus digne d'être poudrée rose et mise dans la soie, le velours et l'hermine? il n'en est pas non plus de mieux faite pour représenter ce monde fin, joli, coquet, spirituel, élégant qui personnifie le mieux le monde des salons français dans ous les temps.

Aux derniers les bons. C'est Klein, c'est Ferville, c'est Numa, trois anciens et trois inséparables, la trinité joyeuse du Gymnase; Ferville, qui joue la comédie de l'endroit comme un homme qui se sentait taillé pour en jouer une autre, Ferville a accompli une révolution dans les rôles de son emploi de même que Numa en a fait une autre dans les siens. Grâce à Ferville, les pères nobles, les oncles trop débonnaires, les tuteurs mystifiés ont déployés des qualités qu'on ne leur soupçonnait guère; leur gronderie est aimable, leur mauvaise humeur est de la bonne humeur, ils ont du tact, de l'esprit, du *monde*, ils sont plus vrais et plus amusants, c'est une réhabilitation complète. Ainsi que Frédérick Lemaître, Numa et Klein, qui le croirait? sont des disciples du mélodrame, tant le rire est voisin des pleurs. Depuis les temps de *Tekeli* et de la *Forêt périlleuse*, la vocation de Klein s'est bien modifiée : acteur de bonne volonté d'abord, il est devenu comique à la longue, et son talent est comme sa taille, un peu longuet mais de longue durée. Il était connu et apprécié depuis longtemps, lorsque le rôle du tambour Flamberge dans *les Enfants de troupe*, acheva de le rendre célèbre. C'est alors qu'un critique improvisa cette phrase : « Klein était long, le voilà grand. » Quand à Numa, le successeur de Perlet, son *humour*, sa gravité plaisante, sa sensibilité exquise, son flegme imperturbable et l'extrême finesse de son jeu, ont trouvé de trop dignes appréciateurs pour que nous soyons tentés de refaire le panégyrique.

Depuis que le Gymnase a perdu Bouffé, son Préville, il possède une façon d'Elleviou rubicond qu'on appelle Achard. Ce ténor jovial est assurément un chanteur et même un farceur très-distingué; mais sa place n'étant pas au Gymnase, nous ne lui ferons pas la sienne ici.

. . . .
. . . .
. . . .

Ce n'est plus absolument la même chose maintenant, la consigne du reste est beaucoup plus sévère qu'autrefois, il est fort difficile d'entrer dans les coulisses du Gymnase, mais les heureux mortels qui trouvent grâce devant l'inflexible concierge n'ont pas à regretter la visite rendue au théâtre où domina si longtemps Scribe.

Les auteurs d'aujourd'hui, Dumas, Sardou, Gondinet, Meilhac et Halévy, etc., etc., daignent quelquefois rendre visite au théâtre de leurs triomphes, cependant depuis plusieurs années le Gymnase est un peu triste.

LES DEUX GENRES

(CRITIQUE COMPARATIVE)

Au mois de mars 1864, lors de la 1re représentation de : *L'Ami des Femmes*, comédie en 5 actes, de Dumas fils, voici l'opinion qu'émettait Charles Monselet sur le théâtre dirigé par M. Montigny :

« Il y a deux Gymnases l'un qui est l'asile des mœurs bourgeoises, des chastes amours, le temple du *bon motif*. Son répertoire ne se compose que de petites pièces d'une heure, miroirs d'un monde riche, élégant, moral. Là, fleurissent la plaisanterie discrète, l'observation urbaine l'émotion arrêtée à point. Ce Gymnase, il faut l'avouer, est un peu à l'état de souvenir et ne vit guère que sur son passé ; ses desservants sont partis ou dispersés ; Scribe, Bayard et Dumanoir sont morts. Gustave Lemoine les a rejoints ! L'autre Gymnase, le nouveau, est tout acquis à un genre dont il a singulièrement développé l'importance, c'est-à-dire à l'étude des phénomènes de la passion, à l'analyse des sentiments exceptionnels. Son répertoire est comme une audacieuse parenthèse ouverte dans la société actuelle. Il se plaît dans l'illicite, il va droit au scabreux.

Qu'en pensent *la Visite de Noce* et *M. Alphonse ?*

A lui les situations compromettantes, les turpitudes froides, les effronteries calculées. Il a une loupe pour tous les scandales. Ses pièces durent toute une soirée, ses comédies ne reculent ni devant les coups de pistolet, ni devant les sanglots, ni devant les agonies. C'est le Gymnase du *Demi-Monde*, de *Diane de Lys*, de la *Famille de Puyméné*, du *Démon du jeu* de *Montjoie*, *Héloïse Paranquet*, *La Visite de noces*, *Frou-Frou*, *Monsieur Alphonse*. C'est le Gymnase tel que l'ont fait MM. Alexandre Dumas fils, Emile Augier,

Edouard Plouvier, Théodore Barrière, Octave Feuillet, Victorien Sardou, Meilhac et Halévy, Armand Durantin.

« Alexandre Dumas fils, surtout ! Son œuvre est déjà assez étendue pour qu'on puisse arrêter un jugement sur lui. Dans ses six grandes pièces, dont chacune a retenti dans la foule parisienne, comme un coup de canon, il a donné la formule d'un talent plein de force et d'éclat. La force a diminué aujourd'hui, mais l'éclat est resté. Comme écrivain dramatique, il possède toutes les habiletés et toutes les séductions nul n'a le dialogue plus aisé, la répartie plus alerte, la tirade plus ouvragée, c'est un arrangement, une disposition une harmonie qui semblent la nature elle-même Pourquoi faut-il que le choix de ses sujets le classe parmi les *désenchanteurs?* Il m'apparaît comme le Laclos du dix-neuvième siècle, et je me sens inquiété en présence de telle de ses comédies autant que devant un chapitre des *Liaisons dangereuses.* »

LECTURE DES MANUSCRITS

Il se dépose bon an mal an, au Gymnase quinze ou dix-huit cents manuscrits, lesquels sont catalogués, puis lus avec un courage vraiment spartiate, par un vieil auteur dramatique qui a eu son heure de réputation, car il a signé entr'autres pièces *la Partie de piquet*, un petit chef-d'œuvre de comédie, et un grand mélodrame également resté au répertoire : *L'Homme au masque de fer*.

M. Narcisse Fournier (je l'ai nommé), dresse deux rapports de chaque pièce qu'il a lue, et il faut que l'auteur ait écrit une bien piètre chose, pour que le consciencieux lecteur renonce à importuner M. Montigny, d'une seconde lecture qui est la plupart du temps, la confirmation du premier jugement.

Quand on songe que M. Fournier lit aussi, par-dessus le marché, avec M. Guillard, les manuscrits déposés au Théâtre-Français, on se demande comment cet homme n'est pas devenu fou. — Je n'ai pas besoin de vous dire que les manuscrits des gros bonnets. comme Dumas Sardou, etc., etc., vont directement dans le cabinet de M. Montigny, sans passer sous les yeux de M. Fournier. — Une remarque à ce sujet. — M. Dumas fils est le seul qui livre ses pièces complétement terminées. Par contre, M. Gondinet retouche les siennes à l'avant-scène.

LECTURES AUX ARTISTES

Là, c'est une autre paire de manches : Heureux ceux qui ont l'honneur de les faire. — Voyez et retenez jeunes, ambitieux !

L'auteur s'assied devant une petite table. A sa droite on a placé le fameux fauteuil vert de M. Montigny. M. Derval s'assied à gauche : silence solennel et respectueux.

On commence.

Alors voici ce qui se passe aux endroits saillants, M. Derval regarde M. Montigny et chaque artiste regarde M. Derval, si M. Montigny rit, M. Derval rit, et si M. Derval rit, tous les artistes se mettent à rire. Si M. Montigny pleure, M. Derval pleure, et si M. Derval pleure, tous les artistes se mettent à pleurer.

Mais aussi, il faut ajouter que M. Montigny ne se trompe pas souvent.

FIN DU DEUXIÈME ET DERNIER VOLUME

Paris. — Imp. Richard-Berthier, 18-19, pass. de l'Opéra.

www.ingramcontent.com/pod-product-compliance
Lightning Source LLC
Chambersburg PA
CBHW070205230526
45471CB00002B/831